19675

Jardin du Roi.

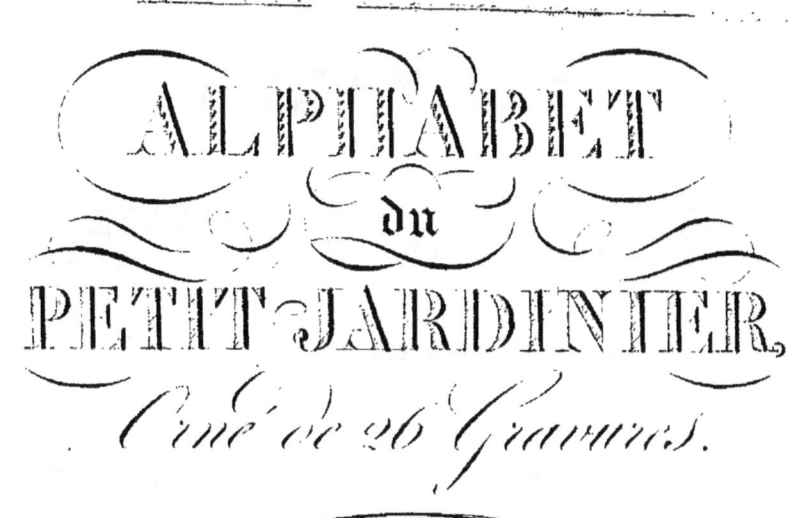

ALPHABET du PETIT-JARDINIER,

Orné de 26 Gravures.

la petite Jardinière.

Paris

LOCARD ET DAVI,
ÉDITEURS;
Quai des Augustins, N.º 25, au Premier.

ALPHABET
PETIT JARDINIER.

CONTENANT :

1° De grosses lettres et les ba, be, bi, bo, bu ;
2° Les mots d'une, deux, trois, quatre, cinq et six syllabes, le tout bien divisé ;
3° De petites phrases instructives, divisées pour faciliter les enfans à épeler, le tout en très gros caractères ;
4° Un petit tableau des principales occupations du jardinage, avec le nom des outils nécessaires à cette profession, et la description des fleurs, fruits et légumes nécessaires à la vie, *orné de vingt-cinq gravures eu taille douce*, et correspondant au vingt-cinq lettres de l'alphabet.

PARIS,
CHEZ LOCARD-DAVI, LIBRAIRE,
RUE DE LA HUCHETTE, 29.

1838.

A	B
C	D
E	F

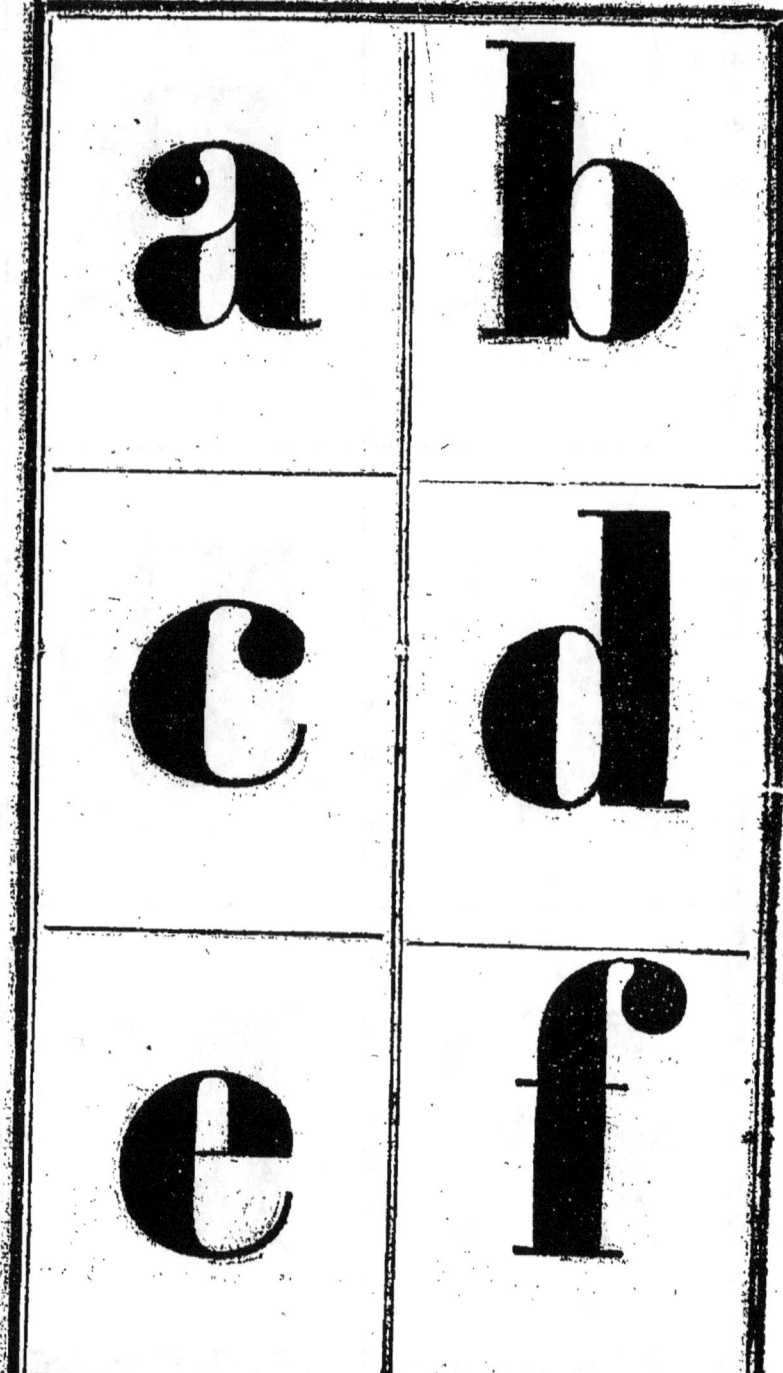

G	H
I J	K
L	M

g	h
i j	k
l	m

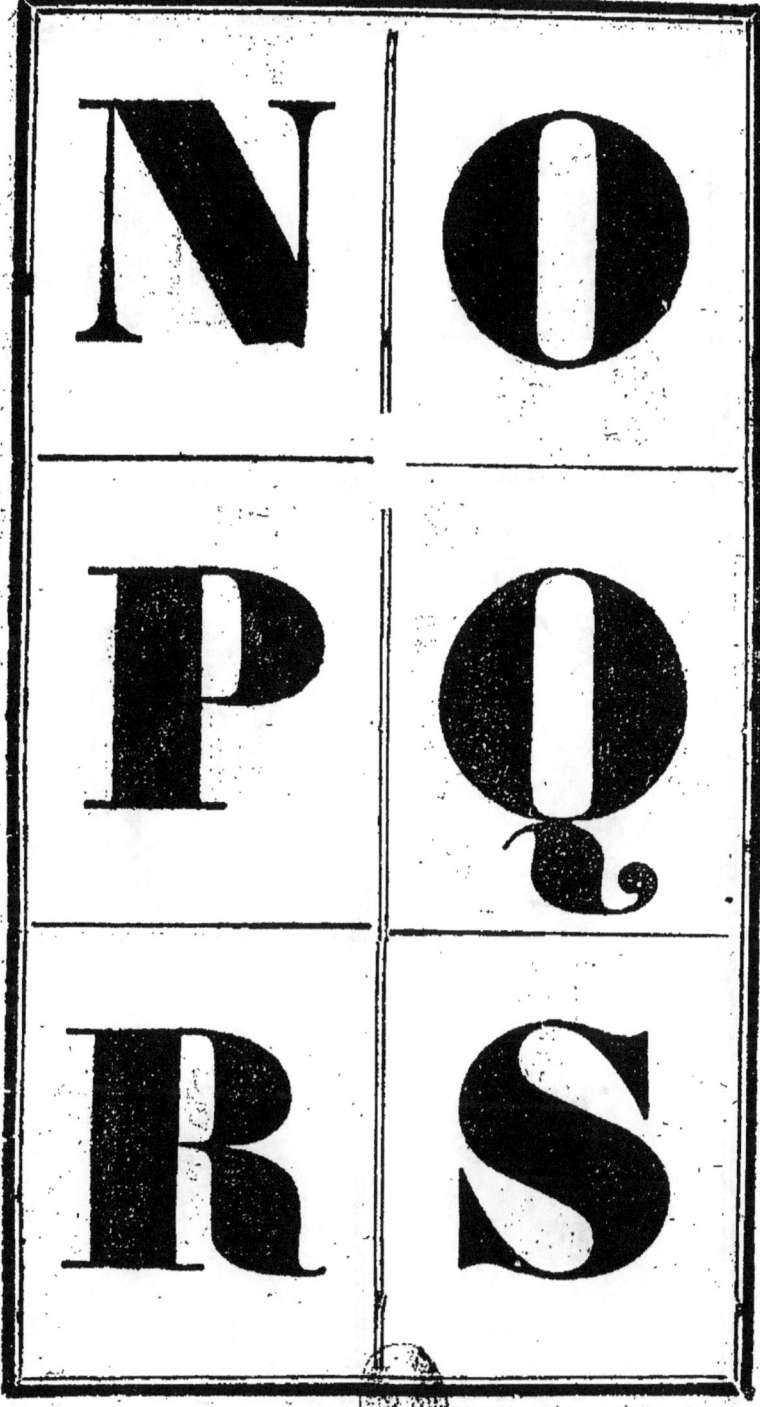

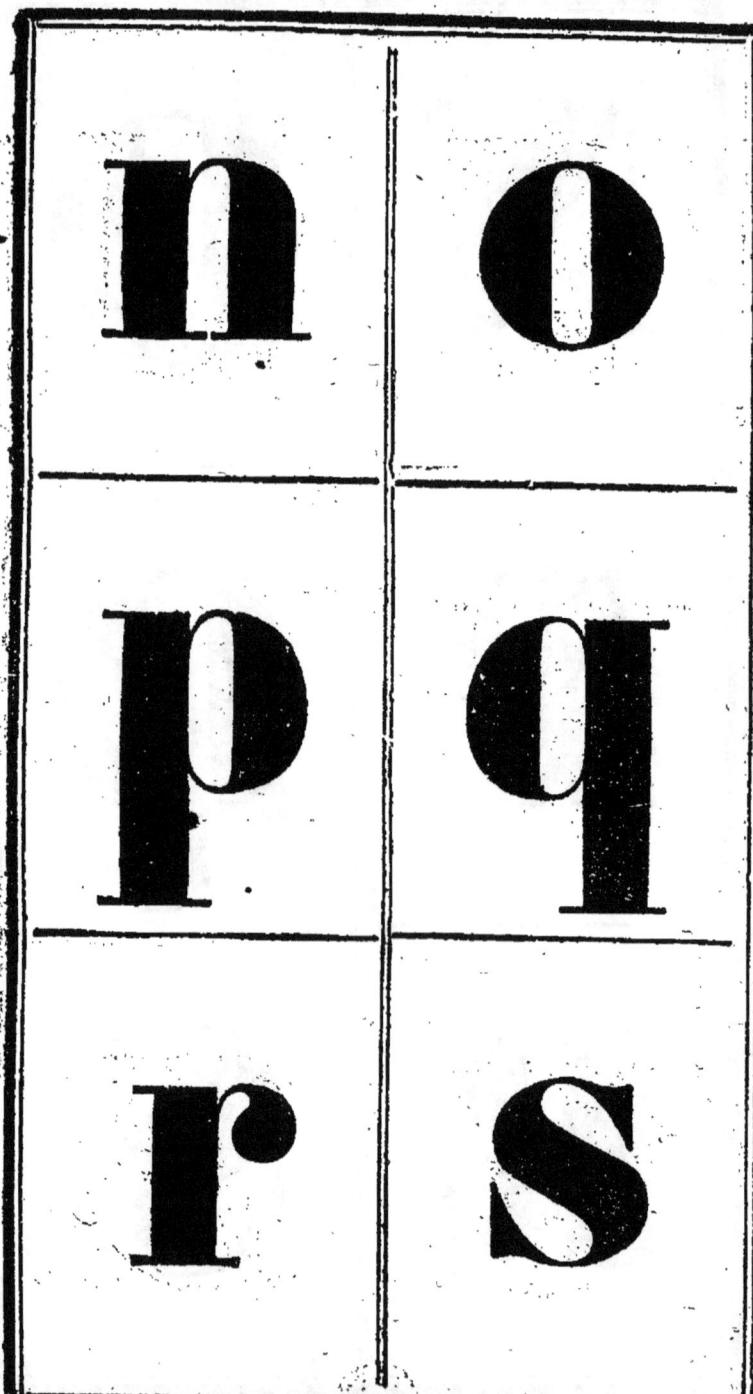

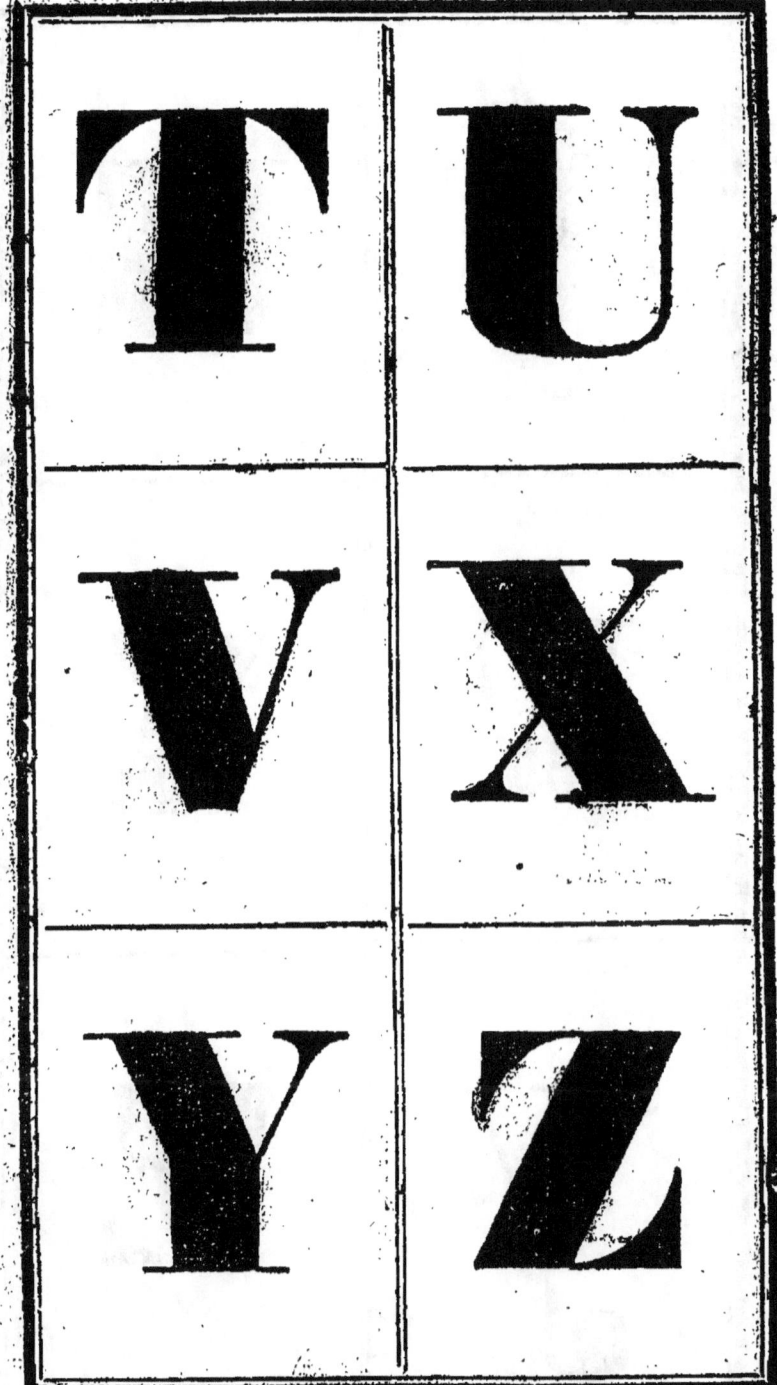

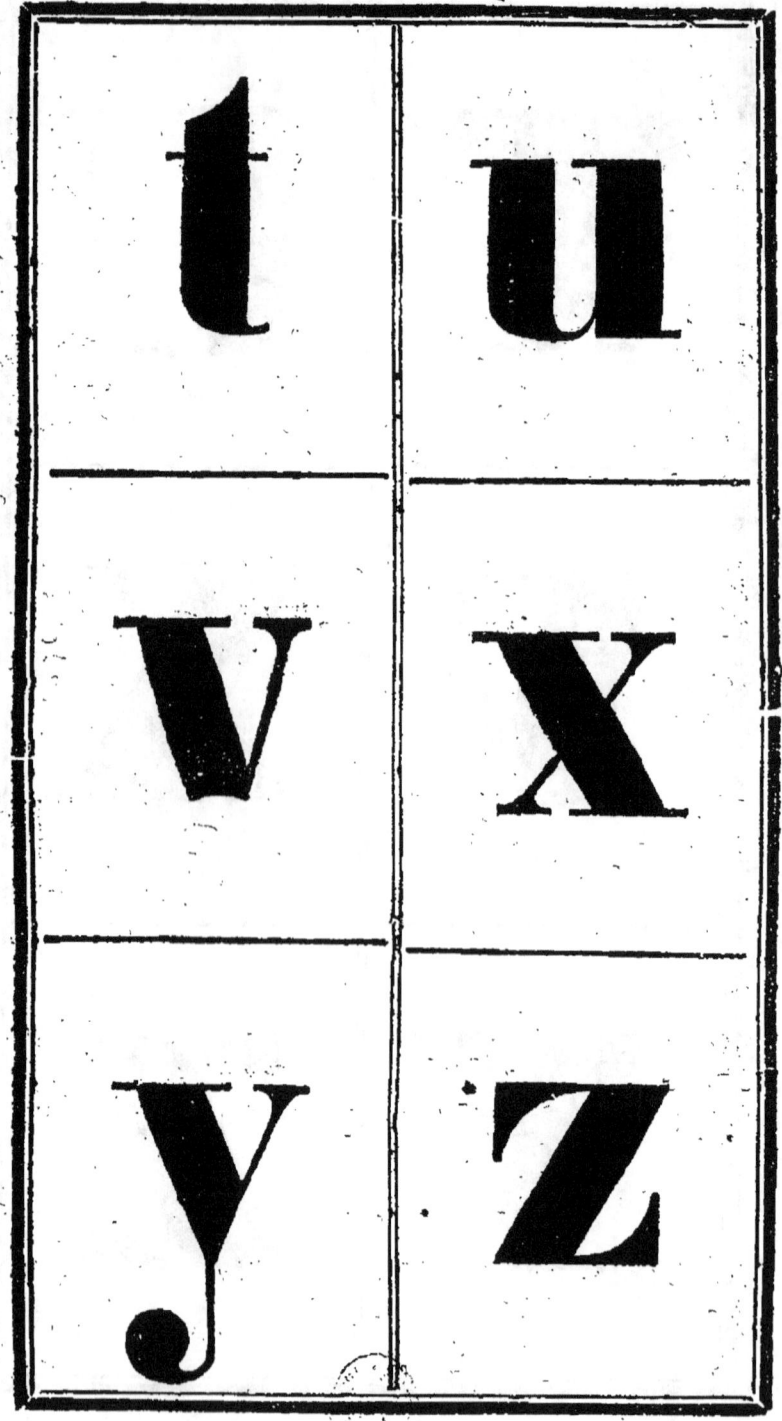

A B C D
E F G H
I J K L
M N O P
Q R S T
U V X Y Z.

(11)

a b c d

e f g h

i j k l

m n o p

q r s t

u v x y z.

(12)

A B C D
E F G H
I J K L
M N O P
Q R S T
U V X Y Z.

a b c d e
f g h i j
k l m n o
p q r s t
u v x y z.

Les Lettres doubles.

æ   œ   fi   ffi
ſi   ffi   fl   ffl
ff   ſb   ſl   ſl
ft   ct   &   w

PONCTUATION.

Apostrophe (') l'orage.
Trait d'union (-) serre-file.
Guillemet («)
Parenthèses ( )
Virgule (,)
Point et virgule (;)
Deux points (:)
Point (.)
Point d'interrogation(?)
Point d'exclamation (!)

Voyelles.

a e i *ou* y o u

Syllabes.

ba	be	bi	bo	bu
ca	ce	ci	co	cu
da	de	di	do	du
fa	fe	fi	fo	fu
ga	ge	gi	go	gu
ha	he	hi	ho	hu
ja	je	ji	jo	ju
ka	ke	ki	ko	ku

la	le	li	lo	lu
ma	me	mi	mo	mu
na	ne	ni	no	nu
pa	pe	pi	po	pu
qua	que	qui	quo	quu
ra	re	ri	ro	ru
sa	se	si	so	su
ta	te	ti	to	tu
va	ve	vi	vo	vu
xa	xe	xi	xo	xu
za	ze	zi	zo	zu

ab	eb	ib	ob	ub
ae	ec	ic	oc	uc
ad	ed	id	od	ud
af	ef	if	of	uf
ag	eg	ig	og	ug
ah	eh	ih	oh	uh
ak	ek	ik	ok	uk
al	el	il	ol	ul
am	em	im	om	um
an	en	in	on	un
ap	ep	ip	op	up
aq	eq	iq	oq	uq
ar	er	ir	or	ur
as	es	is	os	us

at	et	it	ot	ut
av	ev	iv	ov	uv
ax	ex	ix	ox	ux
az	ez	iz	oz	uz

bla	ble	bli	blo	blu
bra	bre	bri	bro	bru
cha	che	chi	cho	chu
cla	cle	cli	clo	clu
cra	cre	cri	cro	cru
dra	dre	dri	dro	dru
gla	gle	gli	glo	glu
gna	gne	gni	gno	gnu
gra	gre	gri	gro	gru
pha	phe	phi	pho	phu

pla	ple	pli	plo	plu
pra	pre	pri	pro	pru
tla	tle	tli	tlo	tlu
tra	tre	tri	tro	tru

Lettres accentuées.

é (aigu)
à è ù (graves)
â ê î ô û (circonflèxes)
ë ï ü (tréma)
ç (cédille)

Pâ-té   **Mè-re**

Le-çon   **Mê-me**

Maî-tre   **A-pô-tre**

Hé-ro-ï-ne

Mots qui n'ont qu'un son ou qu'une syllabe.

Pain	Vin
Chat	Rat
Four	Blé
Mort	Corps
Trop	Moins
Art	Eau
Marc	Veau
Champ	Pré
Vent	Dent
Vert	Rond

Mots à deux sons, ou deux syllabes à epeler.

Pa-pa	Cou-teau
Ma-man	Cor-don
Bal-lon	Cor-beau
Bal-le	Cha-meau
Bou-le	Tau-reau
Chai-se	Oi-seau
Poi-re	Ton-neau
Pom-me	Mou-ton
Cou-sin	Vertu
Gâ-teau	Vi-ce

Mots à trois sons, ou trois syllabes à épeler.

Or-phe-lin
Scor-pi-on
Ou-vra-ge
Com-pli-ment
Nou-veau-té
Cou-tu-me
Mou-ve-ment
His-toi-re
Li-ber-té
Li-ma-çon

A-pô-tre
Vo-lail-le
Ci-trouil-le
Mé-moi-re
Car-na-ge
Ins-tru-ment
Su-a-ve
Fram-boi-se
Gui-mau-ve
U-sa-ge

Mots à quatre sons, **ou** *quatre syllabes à épeler.*

E-ga-le-ment
Phi-lo-so-phe
Pa-ti-en-ce
O-pi-ni-on
Con-clu-sion
Zo-di-a-que
E-pi-lep-sie
Co-quil-la-ge
Di-a-lo-gue
Eu-cha-ris-tie

Mots à cinq sons, **ou** *cinq syllabes à épeler.*

Na-tu-rel-le-ment
Cor-di-a-li-té
Ir-ré-sis-ti-ble

Cou-ra-geu-se-ment
In-con-vé-nient
A-ca-ri-â-tre
In-do-ci-li-té
In-can-des-cen-ce
Ad-mi-ra-ble-ment
Cu-ri-o-si-té
I-ne-xo-ra-ble

Mots à six sons, ou à six syllabes à épeler.

In-con-si-dé-ré-ment
Per-fec-ti-bi-li-té
O-ri-gi-na-li-té
Ma-li-ci-eu-se-ment
As-so-ci-a-ti-on
Va-lé-tu-di-nai-re

Phrases à épeler, divisées par syllabes.

J'ai-me mon pa-pa.

Je ché-ris ma-man.

Mon frè-re est o-bé-is-sant.

Ma sœur est bi-en ai-ma-ble.

Mon cou-sin m'a don-né un pe-tit se-rin.

Grand pa-pa doit ap-por-ter un pe-tit chi-en.

Gran-de ma-man me don-ne-ra pour é-tren-nes un che-val de car-ton.

J'i-rai de-main me pro-me-ner sur les bou-le-varts a-vec mes ca-ma-ra-des.

Thé-o-do-re a un beau cerf-vo-lant, a-vec le-quel je m'a-mu-se-rai bi-en.

La mai-son de ma tan-te à Vau-gi-rard est très-jo-lie. Il y a dans la cour un beau jeu de quil-les.

Mon on-cle Tho-mas a a-che-té un pe-tit é-cu-reuil que je vou-drais bi-en a-voir pour me di-ver-tir.

Di-man-che je n'i-rai pas à l'é-co-le ; mon cou-sin Au-gus-te vi-en-dra me cher-cher pour al-ler à la pro-me-na-de.

Phrases à épeler.

Il n'y a qu'un seul Dieu qui gou-ver-ne le ciel et la ter-re.

Ce Dieu ré-com-pen-se les bons et pu-nit les mé-chans.

Les en-fans qui ne sont pas obé-is-sans ne sont pas ai-més de Dieu, ni de leurs pa-pas et ma-mans.

Il faut faire l'au-mô-ne aux pau-vres, car on doit a-voir pi-tié de son sem-bla-ble.

Un en-fant ba-bil-lard et rap-por-teur est tou-jours re-bu-té par tous ses ca-ma-ra-des.

On ai-me les en-fans do-ci-les ; on leur donne des bon-bons.

Phrases à lire.

Un enfant doit être poli.

Un enfant boudeur est haï de tout le monde.

Un enfant qui est hon-nête et qui a bon cœur, est chéri de tous ceux qui le connaissent.

L'enfant sage est la joie de son père.

Le lion est le roi des animaux.

L'aigle est le roi des oiseaux.

La rose est la reine des fleurs.

L'or est le premier des métaux; il est le plus dur et le plus rare.

La baleine est le plus gros des poissons de la mer.

Le brochet est un poisson vorace, qui détruit les autres poissons des rivières et des étangs.

L'homme a cinq sens, ou cinq manières d'apercevoir ou de sentir ce qui l'environne.

Il voit avec les yeux.

Il entend par les oreilles.

Il goûte avec la langue.

Il flaire ou respire les odeurs avec le nez.

Il touche avec tout le corps, et principalement avec les mains.

Phrases à lire.

Les quatre élémens qui composent notre globe

sont : l'air, la terre, l'eau et le feu.

Sans air, l'homme ne peut respirer.

Sans la terre, l'homme ne peut manger.

Sans eau, l'homme ne peut boire.

Sans feu, l'homme ne peut se chauffer.

La réunion de ces quatre élémens est donc nécessaire à l'homme, pour vivre.

C'est l'air agité qui produit les vents, qui cause les orages, les tempêtes, et qui est la source de mille phénomènes qui arrivent journellement dans l'atmosphère.

C'est la terre qui produit toutes les substances végétales dont l'homme se nourrit, ainsi que les animaux qui la couvrent; c'est au fond de la terre qu'on trouve le marbre, l'or, l'argent, le fer, et tous les autres métaux.

C'est dans l'eau, c'est-à-dire dans la mer, les fleuves, les rivières et les ruisseaux, qu'on pêche cette quantité prodigieuse de poissons de toutes grandeurs et de toutes grosseurs, qui servent d'alimens à l'homme.

C'est le feu qui échauffe la terre, qui anime et vivifie toute la nature. C'est le feu qui nous éclaire dans les ténèbres.

———

Les fleurs sont la parure de la terre, et l'ornement de nos demeures, qu'elles parfument de leurs odeurs agréables.

Les principales fleurs

qui embellissent nos jardins et parfument l'air, sont l'œillet, la renoncule, la jonquille, la violette, le muguet, la tubéreuse, la giroflée, la pensée, l'iris, l'héliotrope, la marguerite, le jasmin, le lilas, l'anémone, l'hortensia, la tulipe, etc.

Les arbres font l'ornement de la terre.

Les principaux arbres qui portent des fruits propres à la nourriture de l'homme, sont le pommier, le poirier, le pêcher, l'abricotier, le prunier, le cerisier, le groseillier, le néflier, le cognassier, l'oranger, le citronnier, le noyer, etc.

Les arbres qui ne portent point de fruits propres à la nourriture de l'homme, servent à d'autres usages, et sont employés soit en bûches, soit en planches, soit d'autre manière, p[our] les besoins ou les agrémens de la société.

Les principaux de ces arbres sont le chêne, l'orme, le peuplier, l'érable, le sapin, le pin, le buis, le saule, l'acacia, etc.

Les plantes que le ciel a

semées sur la surface de la terre, se divisent en plantes potagères et en plantes médicinales.

Les principales plantes potagères sont : la carotte, le navet, le chou, le panais, les raves, le potiron, la laitue, le persil, la ciboule, le cerfeuil, les salsifis, le céleri, le poireau, les épinards, l'oseille, etc.

Les principales plantes médicinales sont : la bourrache, le chiendent, la guimauve, la coriandre, la fumeterre, etc., etc.

A. ARBRES FRUITIERS.

Les Arbres frutiers les plus généralement cultivés dans les Jardins, sont : l'Amandier, le Cerisier, le Châtaigner, le Cognassier, le Figuier, le Groseiller, le Mûrier, le Néflier, le Noyer, l'Olivier, le Prunier, le Pommier, le Poirier, l'Abricotier, le Pêcher, le Sorbier.

Chacun de ces Arbres exige des soins différens; il faut, à certaines époques de l'année, les tailler, les émonder, les fumer et les écheniller, pour avoir une récolte favorable, de beaux ou de bons fruits.

B. BUIS.

Espèce d'Arbrisseau d'un grand usage dans les jardins et les bordures des Parterres. Sa fleur est verte et son fruit rouge ; son bois est jaune et dur. Il est employé par les Tourneurs, les Tabletiers et les Graveurs.

C. CITERNE.

Espèce de réservoir qu'un Jardinier fait construire, pour avoir de l'eau lorsqu'il ne peut pas faire de puits sans beaucoup de dépenses.

Les eaux dont on remplit la Citerne se recueillent des gouttières attachées aux couvertures de la maison; elles doivent avoir leur issue dans un bassin de plomb, et de là être conduites par un tuyau dans l'auge. On tient la Citerne couverte d'un toit, et on met un couvercle sur l'ouverture.

D. DÉPLANTOIR.

Outil avec lequel on enlève les plantes qui étaient en place, pour les transporter ailleurs. Il est ordinairement de fer blanc, en forme de tuyau; on le fait entrer dans la terre à force de bras, jusqu'au-dessous de la racine de la plante qu'on veut enlever ; ensuite on ôte le fil de fer qui tient l'outil dans sa rondeur, afin que les côtés du tuyau se retirent un peu ; par ce moyen, la motte de la plante sort en entier, et se place commodément dans le lieu qui lui est destiné.

E. ÉCHALAS, ESPALIERS.

Morceaux de cœur de chêne refendus carrément par éclats, gros d'environ un pouce, et planés ou rabotés, qu'on navre quand ils ne sont pas droits. Il s'en fait de différentes longueurs, pour les contre-espaliers, le haies d'appui et pour les treillages.

On appelle Espaliers les Arbres frutiers plantés le long des murailles d'un Jardin, et dont les branches sont attachées, depuis le pied jusqu'en haut, à un treillage qu'on applique aux murailles.

F.

FLEURS.

Les Fleurs sont l'ornement d'un Jardin. Les principales sont la Rose, la Renoncule, la Tulipe, l'OEillet, la Tubéreuse, la Pensée, la Violette, le Lilas, le Bec-d'oiseau, l'Héliotrope, la Jonquille, le Lys, la Jacinthe, la Giroflée, l'Hortensia, etc.

Les Arbrisseaux qui servent à la décoration du Parterre sont : l'Anémone, l'Oranger, le Myrte, le Jasmin, le Jasmin d'Espagne, etc. etc., etc.

G. GREFFE, GREFFOIR.

Le mot Greffe exprime cette opération par laquelle on introduit une petite branche, ou un rouleau d'écorce boutonné, ou un bourgeon appartenant à un Arbre qu'on veut multiplier, dans la tige ou les branches de celui qu'on veut greffer.

Le Greffoir est un petit couteau fait exprès pour greffer les Arbres; le manche est d'ivoire ou de bois très-dur, et l'extrémité plate, mince et arrondie, pour détacher l'écorce d'avec le bois des plus petits Arbres, et y insérer la branche ou l'écusson, sans rien rompre.

H. HERBES.

Toutes les plantes d'une consistance molle et ferme sont des Herbes.

Les Herbes potagères qu'on cultive dans les Jardins, pour l'usage de la cuisine, et qu'on appelle Herbes fines, sont le Cerfeuil, le Persil, la Sariette, le Pourpier, la Pimprenelle, la Corne-de-Cerf, l'Oseille, la Poirée, etc., etc.

On donne le nom de mauvaises Herbes à toutes les plantes qui enlèvent aux plantes utiles une partie de la substance de la terre qu'elles épuisent.

I. INSTRUMENS DU JARDINAGE.

Les instrumens propres au Jardinage sont les Charrettes à fumier, les Brouettes, les Civières, les Fourches, les Pelles, les Bêches, les Pioches, les Hottes, les Scies à main, les Serpettes, les Croissans, les Arrosoirs, les Sarcloirs, les Jalons pour prendre les alignemens, les Ratissoires, les Plantoirs, les Claies, les Pailles, Pleyons, etc., etc.

J. JARDINS.

Sous cette dénomination on entend une partie plus ou moins étendue de terrain planté et cultivé, soit pour nos besoins, soit pour nos plaisirs.

On compose les Jardins, suivant leur étendue, de Potagers pour les légumes, de Vergers pour les Arbres fruitiers, de Parterres pour les Fleurs, de Bois de haute futaie pour le couvert.

Il y a des Jardins de pur agrément, où l'on ne voit que des fleurs et des plantes odoriférantes, comme le Baume, la Lavande, la Sauge, le Thym, etc., etc.

K. KALI.

Nom donné assez communément à la plante appelée Soude.

La Soude est une plante qui croît dans les pays chauds Elle a un goût salé. On la cultive pour faire la soude en pierre. Pour la préparer, on coupe l'herbe quand elle est dans sa parfaite maturité ; on fait sécher au soleil comme le foin ; on la met en gerbes, puis on la fait brûler sur des grils de fer, et calciner dans de grands trous faits exprès dans la terre. On emploie la soude à la fabrication du savon.

L. LIMAÇON OU COLIMAÇON DES JARDINS.

Cette espèce de ver est oblong, sans pieds ni os, composé d'une tête, d'un col, d'un dos, d'un ventre et d'une forte queue enfermée dans une coquille d'une seule pièce, qui est plus ou moins grande, d'où il sort en grande partie, et où il rentre à son gré.

Lorsque les Limaçons s'attachent à une Pêche, à un Abricot, à une Prune ou à une Poire, ils les succent, et les imprègnent d'une matière qui creuse le fruit et le dessèche. Il est important de leur faire sans relâche la chasse, et de les détruire.

M. MARCOTTES.

Les Marcottes sont des branches mises en terre pendant qu'elles sont encore attenantes à la plante, et nourries jusqu'à un certain point par elle, malgré l'entaille ou le bourrelet qu'on a fait à la branche enterrée.

Les Marcottes prennent des racines, parce que toutes les parties d'une plante peuvent aisément prendre des racines lorsqu'elles sont couvertes de terre.

N, NID D'OISEAU. NOYAU.

On donne le nom de Nid au

réduit que les oiseaux se bâtissent pour faire leur ponte et couver.

Dans les Jardins, des Arbrisseaux recèlent des Nids de quelques espèces d'oiseaux, qui nous récréent par leurs chants, et nous sont utiles par la chasse qu'ils font aux Insectes nuisibles aux Plantes et aux Fleurs.

Le Noyau est cette substance solide qui naît dans plusieurs Fruits, et dans laquelle se trouve la semence de ces Fruits.

O. ORANGER.

Cet Arbre est remarquable par la blancheur et l'odeur suave de ses Fleurs, par ses Feuilles d'un beau vert, et dont il n'est jamais dépouillé; par ses Fruits couleur d'or, et surtout par le spectable agréable qu'il réunit en même temps de boutons, de Fleurs épanouies et de Fruits. Quoique cet Arbre ne soit naturel qu'aux départemens du midi de la France, il fait aussi l'ornement de nos Jardins, parce qu'on l'élève en caisse et qu'on le garantit, dans les serres, des rigueurs de l'hiver.

P. PARTERRE.

C'est la pièce du Jardin qui s'offre la première à la vue : on le place auprès du corps-de-logis.

Un parterre doit être diversifié. Il convient qu'on y voie à la tête un bassin ou pièce d'eau. Dans toute son étendue, il doit offrir un tableau gracieux, par des pièces de broderie ou de gazon garnies d'Ifs, de caisses et de pots de Fleurs, le tout sur un beau sable jaune; quant aux compartimens et aux Fleurs qui doivent l'embellir, c'est au goût du cultivateur à choisir celles qui peuvent flatter à la fois la vue et l'odorat.

Q. QUARRÉS DE JARDINS.

On appelle ainsi les divisions que l'on fait du Jardin potager; on en pratique plus ou moins, selon la grandeur du jardin; ensuite, pour avoir la liberté et la commodité d'enfouir les plantes, on divise ces quarrés dans leur largeur en diverses planches de cinq pieds de large, sur toute la longueur, en les séparant par des sentiers d'un pied, afin qu'on puisse aller à droite et à gauche sans rien gâter.

R.   RAISIN.

Dans presque tous les Jardins clos de murailles, on plante des ceps de vignes, qui au bout de quelques années, au moyen de la direction qu'on donne aux branches, s'étendent sur le mur,

et le dérobent pour ainsi dire à l'œil. Le Chasselas, le Muscat sont les principaux raisins qu'on remarque sur ces espèces d'Espaliers.

S.   SERRE.

Lieu couvert dans un Jardin, pour mettre à l'abri, pendant l'hiver, certains Arbrisseaux et certaines Plantes à qui le froid est mortel, comme les Orangers, les Grenadiers, etc.

On s'en sert encore pour y faire germer des fruits, et pour y élever sur couches, certaines Plantes potagères. La façade de la Serre doit être exposée au midi ou au levant.

Les portes et les fenêtres doivent fermer hermétiquement, afin que le froid ne puisse y avoir aucun accès.

T. TAILLE DES ARBRES.

On taille les arbres pour retrancher les branches inutiles et superflues : cette opération rend la sève plus abondante, procure de plus beaux fruits, prolonge la durée de l'arbre, et empêche son épuisement.

On taille ordinairement depuis la fin d'octobre jusqu'à la fin de janvier les Fruits à pepins, en février et en mars les Fruits à noyau : on taille les Pêchers les derniers.

En général on ne taille les arbres qu'après la seconde année qu'ils sont plantés.

U. UREDO. ROUILLE.

Espèce de Champignon qui vit sous l'épiderme des Feuilles des Plantes, et qui leur est très-nuisible; il est surtout à redouter pour les cultivateurs, attendu qu'il porte le plus grand dommage au Froment. On ne parvient point à s'opposer à ses désastreux effets par le chaulage; on peut seulement le diminuer, en coupant les Feuilles des céréales le moins de temps possible avant la montée des tiges.

VIGNE.

La Vigne est une plante rampante et sarmenteuse, qui produit un Fruit nommé Raisin, avec lequel on fait du vin.

Les collines sont les expositions les plus favorables à la Vigne; les Vignes qui y sont plantées donnent les Vins les meilleurs et les plus recherchés.

Il y a un grand nombre d'espèces de Raisins, dont les divers plans sont propres aux terres.

La culture de la Vigne demande beaucoup de soin, et des en-

grais différens de ceux ordinaires aux autres terres.

On taille la vigne au commencement de février, ou plus tard, suivant que l'on craint les gelées.

X. XYLOMA.

Genre de Champignon parasite très multiplié sur les feuilles des arbres qui sont languissans, et qui concourt puissamment à augmenter leur état de faiblesse. Les deux espèces qui s'attachent à l'Erable et au Peuplier, sont toutes deux noires, et couvrent quelquefois la plus grande partie des Feuilles de ces arbres. Il n'y a pas moyen, au reste, de s'opposer à la multiplication de ces Champignons, dont le mode de végétation n'est pas encore bien connu.

Y. YVRAIE.

Plante qui croît parmi les blés, auxquels elle est très-nuisible. aussi doit-on avoir grand soin de la détruire.

Cette plante porte sur sa tige un épi chargé de gousses piquantes, dans lesquelles sont quelques grains noires qui ont la force d'enivrer.

L'Yvraie est produite par la putréfaction du Froment et de

l'Orge, laquelle est causée par les grandes pluies.

Z. ZACCON.

Espèce de Prunier exotique qui croît dans la plaine de Jéricho; il est grand comme un Oranger, et a des feuilles semblables à celles de l'Olivier, mais plus petites, plus étroites, plus pointues et fort vertes; ses fleurs sont blanches, et son fruit est de la grosseur d'une prune, rond, vert au commencement, mais en mûrissant il devient jaune, et renferme un noyau comme la Prune. On tire de ce Fruit, par expression, une huile qui est propre à plusieurs usages, et qui est utile surtout en Médecine.

LES DEUX PETITS GARÇONS.

Un jour deux petits garçons jouissaient du plaisir de la promenade dans un jardin. Le jardinier les avertit de ne pas approcher trop près des ruches, ou bien qu'ils seraient piqués par les abeilles.

« — Jamais les abeilles ne m'ont piqué, » dit l'un d'entre eux, et il s'en approcha hardiment. Mais, avant que d'y penser, il reçut une piqûre qui lui causa une assez vive douleur.

Celui-ci devint sage *à ses dépens*;

l'autre le devint *en profitant de cet exemple*.

Lequel des deux montra plus de raison.

LA NÉCESSITÉ DE L'OBÉISSANCE.

Un jour, Gustave et son frère Théophile demandèrent à leur père la permission d'aller jouer dans le jardin ; leur père y consentit, à condition qu'ils n'en sortiraient point. Ils y allèrent donc, et ils jouèrent quelque temps avec beaucoup de plaisir. A la fin, Gustave vit que la porte de derrière était ouverte, et il engagea son frère à sortir avec lui. Mais son frère lui dit :

« — Est-ce que papa ne nous
« a pas dit de rester dans le jar-
« din. »

« — Oh ! dit Gustave, il a voulu
« seulement dire que nous n'en
« sortissions point par la grande
« porte, pour aller courir dans la
« rue ; mais là, dans ces petits
« bois, il ne peut nous en arriver
« aucun mal. Viens, viens, Théo-
« phile, tu verras comme on peut
« bien s'y amuser.

A ces mots, ils sortent : Ils cou-
rurent si long-temps dans ces petits bois, qu'enfin ils s'aperçu-
rent qu'il était nuit. Voulant donc

revenir, ils ne surent ni l'un ni l'autre retrouver le chemin. Alors ils se mirent à pleurer et à crier de toutes leurs forces. Heureusement, ils furent entendus de leur père qui vint les chercher.

« — Voilà, leur dit-il, en les re-
« trouvant, ce qui arrive à ceux
« qui ne veulent pas faire atten-
« tion à ce que leur disent des
« personnes raisonnables. Je sa-
« vais qu'il ne serait pas bon
« pour vous de sortir du jardin,
« c'est pourquoi je vous avais dit
« d'y rester. A l'avenir, je ne
« pourrai plus vous permettre d'y
« venir jouer, parce que je ne
« serais pas sûr que vous n'en
« sortissiez point. »

De ce moment, ces deux enfans furent forcés de rester dans la chambre lorsque leur père n'avait pas le temps d'aller avec eux au jardin. Oh! combien de fois ils dirent en soupirant :

« Si nous n'eussions pas été déso-
« béissans ! »

LA COURONNE DU GRAND AGE.

Trois vieillards réunis ensemble expliquaient à leur enfans comment ils étaient devenus si vieux.

L'un des trois, qui était prêtre et docteur, leur dit : « Toutes les

« fois que je suis sorti pour aller
« enseigner, je ne m'inquiétai ja-
« mais de la longueur du chemin ;
« je n'eus jamais d'orgueil de
« mes lumières, je n'enseignai ja-
« mais rien aux autres que je ne
« fusse bien résolu de pratiquer
« moi-même, et je ne levai jamais
« mes mains pour bénir le peu-
« ple, sans le bénir efficacement,
« et sans louer Dieu. C'est pourquoi
« j'ai atteint un grand âge. »

Le second, qui était un marchand, dit : « Je ne me suis jamais
« enrichi aux dépens de mon pro-
« chain, jamais ses malédictions
« ne m'ont suivi sur mon lit de
« repos, et j'ai toujours donné de
« mon bien ce que j'ai pu en dis-

« traire. Voilà pourquoi je suis par-
« venu à un âge fort avancé. »

Le troisième, qui était juge du peuple, dit : « Jamais je ne reçus
« de présens : jamais je ne m'o-
« piniâtrai dans mon sentiment ; je
« n'ai jamais, que je sache, pro-
« noncé à dessein une sentence injuste.
« Voilà pourquoi je suis devenu si
« vieux. »

Le plus vieux des trois ajouta : Le proverbe dit : « *La jeunesse est*
« *une couronne de roses, et la*
« *vieillesse une couronne d'épines ;*
« mais vous, mes enfans, vous êtes
« sur nos têtes la plus belle des cou-
« ronnes. »

Le grand âge est une belle couronne, mais on ne la trouve que dans les sentiers de la justice et de la sagesse.

LA FRUITIÈRE DE PARIS.

Une Fruitière de Paris se nourrissait, elle et dix enfans qu'elle avait, avec son petit commerce et ce que gagnait son mari, âgé de soixante-deux ans.

Cette Fruitière avait une sœur encore fille, et de mauvaises mœurs, qui ne l'aimait point, parce qu'elle lui faisait souvent des remontrances sur sa conduite. Cette méchante sœur mourut, laissant un enfant de cinq ans, et léguant tout ce qu'elle avait ; estimé à 4,000 fr., à une boulangère fort à son aise.

La Fruitière en eut du chagrin ; elle alla en parler à un avocat, qui lui dit qu'il n'y avait aucun moyen d'empêcher cette injustice. Elle tenait en ce moment l'enfant de sa sœur par la main ; elle l'embrassa en lui disant d'une voix forte émue :

« Au moins, personne ne me con-
« testera cet héritage de ma sœur.
« Je la prendrai chez moi, parce
« que je sais que la boulangère,
« pour s'en défaire, le mettrait bien-
« tôt à l'hôpital. »

L'avocat lui représenta qu'avec la charge de ses dix enfans, elle aurait bien de la peine à le nourrir encore. « Mais, lui dit la fruitière, ce « n'est pas sa faute s'il est venu au « monde. Il faut qu'il vive, et Dieu y « pourvoira. »

Elle prit cet enfant chez elle, et elle le traita comme ses propres enfans.

Des personnes charitables, touchées de cette belle action, firent remettre de l'argent à cette femme, digne des plus grands éloges.

LE PETIT OISEAU.

J'EXAMINAIS hier, dit un père à ses enfans, du pavillon de notre jardin, un petit oiseau qui, extrêmement gai, vint s'abattre sur le bord d'un pot à fleurs, sous un oranger fleuri. Ignorant qu'il était épié dans cette solitude, il s'abandonna à tous les sentimens dont l'innocence, la sûreté et l'influence de la belle nature animent tous les êtres sensibles. Il étendait ses ailes aux rayons vivifians du soleil du matin ; saisissant un vermisseau qui venait à passer, sautant de joie d'un bord du pot à l'autre, et se complaisant dans la présence d'un autre oiseau de son espèce, qui était au-sous de lui, par terre, becquetant dans un sable mobile, et qui pouvait être ou son ami, ou son enfant, ou sa femme.

Environ cinq minutes après, il s'envola de l'enceinte de notre jardin, trop étroite, dans l'espace sans bornes de la nature, pour y remplir sa vraie destination, pour y vivre au milieu des joies sans nombre d'une vie innocente.

Le petit séjour de cet oiseau sur un pot de terre fragile me parut l'image du petit pèlerinage de l'homme dans cette vie; et l'espace sans bornes de la nature me parut être l'Eternité.

De combien de plaisirs ne jouissons-nous pas déjà sur le pot de terre que nous habitons ! Mais aussi combien d'autres plaisirs sans nombre ne goûterons-nous pas lorsque notre âme, prenant enfin son essor dans les régions élevées et immenses, entrera dans l'Éternité !..

HOMMAGE

D'UN ENFANT A SES PÈRE ET MÈRE, LE JOUR DE LEUR FÊTE.

A mes parens j'offre en ce jour
Mes fleurs et ma vive tendresse :
Trois fois heureux si mon amour
Est témoin de mon allégresse.
Leur plaire est mon unique envie,
Et je n'ai plus d'autre désir
Que de voir prolonger leur vie.

FIN.

IMPRIMERIE DE P. BAUDOUIN,
rue et hôtel Mignon, 2.

www.ingramcontent.com/pod-product-compliance
Lightning Source LLC
LaVergne TN
LVHW020947090426
835512LV00009B/1748